孩子自驱力
训练手册

宋华 著

中国·广州

图书在版编目（CIP）数据

孩子自驱力训练手册 / 宋华著. -- 广州 ：广东旅游出版社，2025.5. -- ISBN 978-7-5570-3544-0

Ⅰ．C912.1-49

中国国家版本馆CIP数据核字第2025R7T379号

出 版 人：刘志松
责任编辑：张晶晶　梁斯棋
责任校对：李瑞苑
责任技编：冼志良

孩子自驱力训练手册

HAIZI ZIQULI XUNLIAN SHOUCE

广东旅游出版社出版发行

（广州市荔湾区沙面北街71号首层、二层　邮编：510130）

电话：020-87347732（总编室）

020-87348887（销售热线）

投稿邮箱：2026542779@qq.com

印刷：天宇万达印刷有限公司

（河北省衡水市故城县金宝大道侧中兴路）

670毫米×950毫米　16开　10印张　85千字

2025年5月第1版　2025年5月第1次印刷

定价：49.80元

［版权所有　侵权必究］

本书如有错页倒装等质量问题，请直接与印刷厂联系换书。

前言

小朋友，你们知道吗？在你们的身体里隐藏着一股巨大的能量，就像是一种魔法，能够让你越变越好，这种能量就是"自驱力"！

那么，什么是自驱力呢？

自驱力是指一个人在没有外部干预的情况下，主动地追求目标并付出努力的内在动力，简单来说，也就是你自己主动去做某件事的力量。比如，你对一个遥控玩具汽车充满好奇，就会不停地摆弄它，试图了解它是如何工作的；或者你对一个故事感兴趣，就会一遍又一遍地读。这些都是自驱力在起作用。

只是，自驱力就像是只瞌睡虫，如果你无法唤醒它，就会因缺乏自驱力而出现各种各样的问题，比如做事拖延、做事半途而废、不自信、注意力不集中，总是需要父母或他人催促才能完成任务等。

当然，无法唤醒自驱力与很多因素都有关系，一方面是父母的过度保护或控制，比如总是替你做决定，导致你缺乏自主性；另一方面是过于注重成绩，忽视内在兴趣，导致你对学习失去动力。除此之外，如果你的性格比较内向，不愿意尝试新的事物或面对挑战，也会导致你缺乏自驱力。

拥有强大自驱力的孩子，不仅能够保有更浓厚的学习兴趣，也会更愿意接受挑战、寻求自我的突破。缺乏自驱力的孩子，则表现得十分被动、抗拒学习、持续性差，过程中容易产生挫败感、自暴自弃，从而影响孩子的学习动力、创造力和未来的发展。所以，唤醒自己的自驱力就变得非常重要。

《孩子自驱力训练手册》以"21天养成一个好习惯"为基础，将孩子在学习和日常生活中可能遇到的各种烦恼汇总成21个主题，将有趣的故事与生动的漫画相结合，不仅用简单易懂的语言分析了烦恼的成因和影响，而且提供了一套系统的训练自驱力的方法和策略，让孩子能够从中学会激励自己，并高效利用21天的时间唤醒自驱力，养成自主学习的好习惯。

所以，如果你想变得更独立，更自信，更有勇气去面对生活中的挑战，就让我们一起打开这本书，开始我们的自驱力训练之旅吧！

目录

第 1 天
我喜欢，就要一直喜欢

成长烦恼 现实和想象差距怎么这么大？　　　　004
烦恼解读 坚持是克服难题的有效方法　　　　　005
自驱力训练营 如何让喜欢长久地维持下去？　　006

第 2 天
我要试一试，才知道行不行

成长烦恼 因害怕失败，总是不敢尝试　　　　　011
烦恼解读 在不断尝试中寻找方法　　　　　　　012
自驱力训练营 如何培养勇于尝试的品质？　　　013

第 3 天
我再坚持一下，也许就做到了

成长烦恼 坚持不下去，为什么不能放弃？　　　018
烦恼解读 把困难想象成弹簧　　　　　　　　　019
自驱力训练营 如何战胜困难？　　　　　　　　020

第 4 天
爸爸妈妈焦虑,我可不焦虑

成长烦恼　学习不好,长大后真的会没出息吗?　025
烦恼解读　不要将注意力过度集中在未发生的事情上　026
自驱力训练营　如何应对焦虑情绪?　027

第 5 天
我能自己做作业,不用爸妈陪

成长烦恼　妈妈陪我写作业,让我压力很大　032
烦恼解读　完成作业再做其他事,内心更轻松　033
自驱力训练营　如何养成自主写作业的好习惯?　034

第 6 天
我喜欢运动,运动让我更专注

成长烦恼　上了一天课已经很累了,妈妈还让我运动　039
烦恼解读　运动使人快乐　040
自驱力训练营　如何让自己喜欢上运动?　041

第 7 天
我喜欢大自然,大自然是最有趣的课堂

成长烦恼　比起大自然,我更喜欢宅在家里　046
烦恼解读　探索大自然更有趣　047
自驱力训练营　如何让大自然成为自己的老师?　048

第8天
我知道自己哪里不够好，我有信心弥补

成长烦恼	知道自己的长处，还要知道短处吗？	053
烦恼解读	正视自己的不足并努力改进	054
自驱力训练营	如何弥补自己的不足？	055

第9天
我会眼睛看着老师，集中精力听课

成长烦恼	做到上课不走神儿，真的好难	060
烦恼解读	培养专注力是集中注意力的关键	061
自驱力训练营	如何养成认真听讲的好习惯？	062

第10天
我能安排好自己的时间，做时间的主人

成长烦恼	事事都要跟时间赛跑吗？	067
烦恼解读	没有时间观念，做事就会拖拖拉拉	068
自驱力训练营	如何养成管理时间的好习惯？	069

第11天
我能控制好自己的情绪，不乱发脾气

成长烦恼	生气为什么不能发脾气？	074
烦恼解读	发脾气并不是解决问题的好方式	075
自驱力训练营	如何成为情绪的主人？	076

第12天

我的事情我来做，我的人生我做主

成长烦恼	妈妈总对我的事情大包大揽	081
烦恼解读	父母过度帮忙只会让我们丧失更多生活技能	082
自驱力训练营	如何成为一个独立自主的人？	083

第13天

我有远大的梦想，并且会努力去实现

成长烦恼	什么样的梦想能实现呢？	088
烦恼解读	梦想是我们努力的目标	089
自驱力训练营	如何实现梦想？	090

第14天

我会向他人求助，这不是丢人的事

成长烦恼	问他人问题会被笑话吗？	095
烦恼解读	喜欢向别人请教能学到更多知识	096
自驱力训练营	如何成为勤学好问的人？	097

第15天

想象真有趣，我喜欢天马行空的想象

成长烦恼	有想象力不好吗？	102
烦恼解读	想象力是一切发明与创造的源泉	103
自驱力训练营	如何拥有天马行空的想象力？	104

第16天

我不怕输,我可以激励自己

成长烦恼 输了很丢人吗? 109

烦恼解读 害怕输是抗挫能力差 110

自驱力训练营 如何自我激励? 111

第17天

只要努力,我就能做得更好

成长烦恼 努力上进有那么重要吗? 116

烦恼解读 重拾上进心,成为更好的自己 117

自驱力训练营 如何让自己更有上进心? 118

第18天

我喜欢读书,书中有更广阔的世界

成长烦恼 为什么不能看自己喜欢的书? 123

烦恼解读 书里有更广阔的世界 124

自驱力训练营 如何养成爱看书的好习惯? 125

第19天

我不比谁强多少,但也不比谁差很多

成长烦恼 我真的那么差吗? 130

烦恼解读 正确认识自己,远离"自我否定"怪圈 131

自驱力训练营 如何才能正确地认识自己? 132

第20天

我有榜样，TA是我学习的对象

成长烦恼	什么样的人才能称为"榜样"？	137
烦恼解读	能给你勇气和力量的人就是榜样	138
自驱力训练营	如何给自己找个榜样？	139

第21天

我是"十万个为什么"，每天都在寻找真相的路上

成长烦恼	难道有好奇心不好吗？	144
烦恼解读	敢于发问是探索新事物的积极表现	145
自驱力训练营	如何让自己的好奇心更强？	146

第1天

我喜欢，
就要一直喜欢

现实和想象差距怎么这么大？

我看见别人打篮球好帅，便也报了篮球班，可老师天天让我学习运球，太枯燥了，我不想学了。

我妈妈给我报了钢琴班，我一开始还挺喜欢，但让我天天练琴，都不能和小伙伴玩耍，现在我有点厌烦弹钢琴了。

我学习了编程，学习内容越来越难，我想放弃了。

现实跟想象的不一样啊！我不想学了。

坚持是克服难题的有效方法

喜欢上一件事物,是非常容易的事情,但如果一直坚持下去,就是非常难的一件事了。一是,学的内容越来越多,就需要付出更长时间学习,就会觉得累,累了就会想放弃;二是,学的内容越来越难,就需要动脑筋,脑筋动得多了也会产生倦怠感;三是,任何事物都有个"新鲜感",新鲜感一过去,就会觉得自己没有当初那么喜欢了,所以便想要放弃。

其实,这并不代表你真的不喜欢了,如果你真的不喜欢,从一开始你就不会被吸引,就算被吸引了也很快会发现自己并不喜欢。但凡你能坚持学习一段时间,并且能够从中体会到快乐的东西,都是你真心喜欢的。既然是真心喜欢,就不要因为一时的劳累、倦怠或是不耐烦选择放弃,因为之前付出的努力会因此付诸东流!其实,只要坚持过这段"难熬"的岁月,你就能从中体会到难以言喻的成就感和满足感。

> 为什么编程课一开始那么有趣,现在却这么难呢?我也想坚持下去,但又不知道该怎么克服难题。

自驱力训练营
如何让喜欢长久地维持下去？

发现自己真正的兴趣爱好

看到别人学什么，自己就想学什么；或者看到别人因为某种兴趣特长备受赞誉，自己便也想去学。这样的"兴趣爱好"往往不是自己真正的兴趣爱好，很难坚持下去。我们要擅于发现自己真正感兴趣的事物。

那么，什么才是自己真正感兴趣的事物呢？首先，这件事仿佛有一种魔力，让你"行也思它，坐也思它"；其次，做这件事情时，你会非常开心，能够沉醉其中；最后，在做这件事情感到疲惫时，你会觉得放弃了很可惜，或者很不甘心，还会坚持下去。

发现自己的闪光点和天赋

美国著名科学家爱迪生指出："天才是1%的灵感加上99%的汗水，当然，没有那1%的灵感，世界上所有的汗水加在一起也只不过是汗水而已。"这句话告诉我们，一个人的努力很重要，天赋更重要。去做自己有天赋的事情，往往要比做没有天赋的事情更加轻松和愉快，也更加容易做出成绩。而发现自己的天赋也很简单，当你很轻松就可以做成某件事，而别人却需要花费很长时间才能做好，那这件事就是你的天赋。

自我激励，遇到困难不退缩

即便是做自己非常热爱的事情，遇到困难时，也难免会产生退缩之意。因此，我们要擅于在自己想要放弃时，给自己一些激励，让自己重新燃起斗志。当然，激励自己的方式也有很多，比如完成特定任务后给予自己奖励，阅读一些名人或你所钦佩的人的故事……这些都会在你气馁的时候，给你"加油打气"，激励你继续坚持下去。只有坚持下去，你才有可能收获最丰厚的果实，就像风雨之后才能看到彩虹一样。

第 2 天

我要试一试，
才知道行不行

因害怕失败，总是不敢尝试

妈妈总是我胆小，我也觉得自己胆小，所以我平时不敢跟同学多说话，也不敢多表现。

有时候，老师提问的问题明明是自己会的，但我还是不敢举手回答问题，生怕说错了会被批评。

我害怕失败，所以没有把握的事情我都不敢去尝试。

如果回答错了怎么办？同学们是不是会笑话我？

在不断尝试中寻找方法

害怕尝试，畏惧挑战，这是很正常的心理表现。但你如果遇事就退缩，不敢尝试，也不敢挑战，会因此错失很多成长和学习的机会。在成长的道路上，怯懦是阻碍你最大的敌人。其实，很多事情并没有你想象的那样复杂和困难，只是因为自己心生恐惧，才会望而却步。相反，那些敢于尝试、不怕失败的人，往往能够勇敢面对挑战，克服困难。

千里之行，始于足下。我们应当在起点时，就播种一颗"勇于尝试"的种子，只要勇敢地踏出第一步，后面的路可能就会变得容易很多。因为每个人的成长都是在不断地尝试中进行的，有时会失败，有时会成功，但失败也好，成功也罢，这些都不重要，重要的是你勇敢的心态和前进的脚步。就如爱默生所说："做你害怕做的事，这样你就能掌握做这件事的方法。"

自驱力训练营
如何培养勇于尝试的品质?

坦然接受失败

我们去做一件事,有可能成功,也有可能失败。但失败并不是终点,而是我们通往成功的必经之路。只有你坦然接受失败,才能减少内心对失败的恐惧和焦虑,进而从中吸取教训、总结经验,继续迎接下一次挑战。所以,我们不要畏惧失败,纵使失败了,大不了总结经验,重新来过。

勇敢面对困难与挑战

每个人在成长过程中都会遇到各种各样的困难与挑战,一味地逃避、退缩,只会让你无法成长起来,并离成功越来越远。只有勇敢面对困难与挑战,才能锻炼你的意志,提升你的能力,让你坚定信念,勇往直前,实现自己的梦想。

没关系,失败乃成功之母,再试一次一定能成功。

要不断学习和成长

成功是留给有准备的人的。如果你毫无准备,就算有心挑战,也无力应对。因此,我们要不断充实自己，勇于正视自己的弱点并加以改进，让自己在不断的学习和改进中逐渐成长，变得越来越优秀，这样才能有更大的勇气去尝试新事物，面对新挑战。

不要轻易给自己贴"标签"

有时候，我们常常因为不敢做某件事而被父母贴上"胆小"的标签，一旦我们内心认可了父母的看法，就会在挑战来临时，对自己进行负面的心理暗示——我胆小，我不敢。事实上，这个世界上没有天生胆小的人，每一个勇敢的人，都是在面临挑战时，能够对自己进行积极心理暗示的人。因此，不管父母怎么说，也不管别人怎么认为，我们都不要随意给自己贴上"胆小"的标签。

第3天

不怕困难，坚持下去，也许就做到了

坚持不下去,为什么不能放弃?

妈妈让我每周写一篇作文,我已经写了三周了,但我太讨厌写作文了,这周我不想写了。

每次体育课跑1000米,我都痛不欲生,跑一半就跑不动了,索性就不跑了。

写作业一遇到我不会做的题目时,我就不想思考了,想直接向妈妈求助。

烦恼解读

把困难想象成弹簧

我们在成长过程中会遇到各种各样的困难,有的困难就像一条小水沟,一迈就过去了;有的困难就像一座大山,需要努力攀登,才能越过。在面对困难时,有的人会选择逃避,有的人会选择放弃,还有的人会选择迎难而上。

心理学研究发现,人越了解自己,就会知道自己害怕什么。这种恐惧感会导致人的拖延,除非你学会如何去克服它。其实,你只有做的时候才会发现,很多事情真的没有你想象得那么难。而当你努力战胜了一个困难时,你的内心就会燃起熊熊"烈火",让你有勇气去战胜更多的困难。可以说,困难就像弹簧,你强它就弱,你弱它就强。

我就不信,我练不会这首曲子。

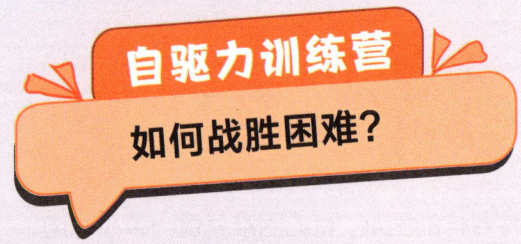

自驱力训练营
如何战胜困难?

换个角度看困难

解决困难,最直接有效的方法就是换个角度看待困难。比如,在一场围棋对弈中,你的对手很强大,你会觉得自己战胜不了对方而产生退缩的心理。但如果你不从输赢的角度来看待这个问题,而是将对弈的过程当成自己向强大对手学习的机会,你就会发现困难并不存在,反而你会因为从对手身上学习到了经验,而感到十分有意义。

从"逃避"到"面对"

面对困难，人们会下意识地选择逃避，因为逃避可以暂时减轻压力和缓解不安，但逃避无法解决困难。往后还会再遇到这个困难，逃避是解决不了任何困难的。想要解决困难，唯一的办法就是"面对"，想办法解决它。

寻求帮助

我们在遇到困难，感到束手无策时，及时寻求帮助也是至关重要的解决办法。首先，我们可以向父母和老师表达自己的困惑，他们有着丰富的经验和知识，能够为我们提供指导和支持。其次，我们可以向同学、朋友寻求帮助，或是利用网络资源，寻找解决办法。

第4天

爸爸妈妈焦虑，
我可不焦虑

学习不好，长大后真的会没出息吗？

每次我考不好，妈妈就会说我长大了会没出息。学习不好，以后真的会没出息吗？

妈妈总是说，我要是不好好学习，就考不上好大学，以后更找不到好工作，就不会有好生活。每次听到这样的话，我的压力就很大。

如果这个世界上没有"考试"就好了，只要不考试，我家就是"母慈子孝"；一考试，我家就是"鸡飞狗跳"。

我都不敢回家面对我妈了。

不要将注意力过度集中在未发生的事情上

焦虑，来源于对未来的不确定。如果你因为爸爸妈妈的焦虑而对自己的未来产生了焦虑，并为未来的不确定性感到恐惧和担忧，那你就会忽略当下最重要的事情。

或许你早就有这样的感受，当父母对你的未来进行负面预测时，比如说"你的成绩，以后肯定考不上好大学"，你就会将注意力过度集中在那些还未发生的事情上，从而开始担心、焦虑。这种担心和焦虑会让你无心学习，甚至感觉即便好好学也没有用，因为爸爸妈妈已经预测了你的将来，你的努力似乎改变不了什么，因此你内心的力量开始逐渐瓦解，陷入严重的自我怀疑中，并失去面对困难的勇气。

可是，未来究竟会怎样，谁也说不清，即便是爸爸妈妈，也不能断言我们未来一定会怎样。但有一点很确定，那就是未来取决于现在。如果你努力过好当下的每一天，那未来一定不会差。

自驱力训练营
如何应对焦虑情绪?

屏蔽父母的焦虑情绪

或许你并没有意识到,父母的许多行为和情绪都是你的参照物,你会下意识地模仿父母的言行举止。如果父母做得很好,那你就很幸运,你也会做得很好;如果父母做得不好,那么这些不好的地方也就被你学了去。焦虑的情绪也是如此。很多时候,我们的焦虑来自父母的焦虑。因此,当父母的一些言行举止让我们内心感到焦躁不安、"压力山大"时,我们就要学会屏蔽父母的焦虑情绪,进行自我开解,向积极的方向努力。

努力于当下,收获于未来

与其在父母的焦虑情绪中消耗自己的能力,不如将这份力气用在当下。比如,当你担心期末考试考不好时,平日就要更用功。每天写完作业后,先将第二天要学习的新内容预习一遍,标注自己不懂的地方,以便提醒自己第二天上课时要认真听老师讲解。

然后将当天学完的知识复习一遍，遇到不熟练的地方也勾画出来，要么自己多做练习，要么询问老师，将"不会"变成"会"。每天只需要多付出十几分钟的时间，坚持下去，期末的时候你一定能够看到一个不一样的自己。

劳逸结合，让大脑也休息一下

有的同学会产生"我要学得更多，学得更好，我要超越所有的人，才能赢"的想法，导致自己情绪变得焦虑。但如果学习任务过重，课后作业多，娱乐时间很少，户外活动时间不足，我们的大脑就感到累。因此，学习要讲究劳逸结合，学习一段时间后，就要站起来休息一下，或去户外活动活动。学的时候全身心投入，休息的时候，就让大脑彻底放空，这样才是缓解焦虑的正确方式。

蓄势待发！

第 5 天

我能自己做作业，不用爸爸妈妈陪

回家我要先看动画片，然后再写作业。

妈妈陪我写作业，让我压力很大

每天放学回家，妈妈就催我写作业，催得我心烦意乱的，原本想写作业也被搞得不想写了。

每次写作业，妈妈都要坐在我旁边看着，还要时不时批评我几句，真的让我压力很大，还很烦躁。

在学校上了一天的课，回家就想先玩会儿再写作业，可我妈妈不仅不能理解，还总呵斥我。

好压抑，不想写。

完成作业再做其他事,内心更轻松

家庭作业是对当天学习内容的复习,需要在你还没忘记知识,且头脑清醒的时候完成,这有助于巩固当天所学的内容。养成按时完成作业的习惯,不仅可以让你在完成学习任务后,能够更放松、更自由地享受余下的时间,还可以让你学会自我管理,为未来的学习打下坚实的基础。

人在完成一件自己认为很难的事情时,身体会产生一种名叫"多巴胺"的物质,这种物质会让人感到快乐。写作业就是一件让你觉得"艰难"的事情,当你又快又好地完成它时,你就会特别有成就感,这时候再做其他你想做的事情时,内心是既轻松又快乐的。

终于写完作业了!我可以安安心心地去陪小白玩儿了。

自驱力训练营
如何养成自主写作业的好习惯？

保持书桌整洁

《弟子规》里说："房室清，墙壁净。几案洁，笔砚正。"书桌是我们学习、休息、娱乐的一方天地，整洁有序的书桌，不仅可以愉悦心情，还可以让我们坐得下来、沉得下心，更专注地进入学习和思考的状态。而且，能在学习之余，能自己整理书桌，既能锻炼动手能力，又能提高学习效率。因此，时常保持书桌的整洁干净是非常有必要的。

可怜的小书桌，我立刻就把你清理干净。

我的小主人太棒啦！

今天英语作业是最紧急的，先写英语作业。

列出作业清单，逐项完成

想要又快又好地完成作业，我们首先要知道都留了哪些作业。列作业清单，可以帮助我们收集完整作业信息，知道作业量。然后，我们将作业排出先后顺序，每完成一项任务，就划掉一项。这样做可以让我们产生对作业的掌控感，同时还可以获取成就感，激励自己一项又一项地完成下去。

合理分配时间

合理分配时间对于养成自主写作业的习惯至关重要。我们可以充分利用时间管理的方法，提高时间利用效率。比如，番茄工作法，将学习时间分25分钟的专注时间和5分钟的休息时间，循环进行。这样能保持大脑的活跃度，避免长时间学习会导致大脑疲劳。

写作业要"一鼓作气"

写作业要"一鼓作气"，如果中间被打断，就很容易产生倦怠心理。因此，我们在写作业前要先把生理问题解决好。比如：有的小朋友回家会肚子饿，那就先填饱了肚子再写作业；有的小朋友回家就要上厕所，那就回家上完厕所再写作业。一旦开始写作业，就要专心致志，不再受外界的打扰。这样写作业不但速度快，而且正确率也会更高哦！

第6天

我喜欢运动，
运动让我更专注

我们今天体育考试，考试内容为跳绳，一分钟60个为及格。

上了一天课已经很累了,妈妈还让我运动

我不喜欢上体育课,体育课又累又没意思,还不如在教室上自习。

我倒是挺喜欢上体育课的,但是我不喜欢学习打篮球,太难了,我总是掌握不好运球和上篮的节奏。

我妈总让我出去运动运动,可我上了一天课已经很累了,只想坐在家里看电视。

别一写完作业就看电视,出去运动运动。

运动使人快乐

喜欢运动的人，一天不运动，就浑身不舒服；而不喜欢运动的人，哪怕只是走几步路，都会累得要命。但运动对我们来说，简直太重要啦！

运动是一种最天然的"健脑药"，因为人在运动的时候会产生多巴胺、血清素和肾上腺素，而这三种神经传导物质都与学习有着密切的关系。多巴胺可以让你感到快乐，精神亢奋；血清素和记忆有着直接关系，可以让你的记忆力变好；肾上腺素则可以增强你的专注力。运动后学习，正好可以令这三者有效地结合起来，让你在愉快轻松的心情中记得快、学得好。同时，运动还可以帮助你排解坏情绪。心情不好的时候，可以通过运动让坏情绪随着汗水排出体内。心情好了，身体自然就更健康，知识的存在才能更有意义。

> 刚运动完，不休息一会儿再看书吗？

> 运动让我的大脑正处于兴奋的状态，所以这个时候看书可以记得更牢固。

自驱力训练营
如何让自己喜欢上运动？

挑选自己喜欢的运动

人只有做自己喜欢的事情时，才会更加投入，并且能够长期坚持下去。所以，建议你选择一项自己最喜欢的运动。如果你喜欢各种运动，那就合理安排每种运动的次数和时间，不建议同时进行两种或两种以上强度较大的运动哦。如果你不喜欢任何运动，那么就建议挑选比较容易进行的运动来坚持，比如跑步、骑车等。

运动要达到一定的强度

运动不是简单的跑跑跳跳就可以，那样只会让你感到累，达不到运动的效果。想要达到运动的效果，需要你的心率达到一定的数量值，也就是心脏在一分钟内跳动的次数达到一定的标准。当然了，我们不可能边运动边测心率，只要我们在运动时微微喘气，无法连续说长句，只能说短语，那么运动强度大概就是在中等偏上了。这时，运动的强度就达标了。

在运动中保护自己的安全

有些运动具有一定的危险性，比如轮滑；还有一些运动，如果姿势不正确会导致身体受损，比如跳绳。因此，我们在运动前要做好功课，对于有危险的运动，要提前做好防护；对于有动作要求的运动，要提前学习动作要领，以免对身体造成损伤。

第7天

我喜欢大自然，
大自然是最有趣的课堂

比起大自然,我更喜欢宅在家里

自从上了三年级,爸爸妈妈带我出去郊游的次数真是屈指可数。

上周六,爸爸妈妈带我去公园里玩,可是我都不知道玩什么,只想回家看动画片。

我妈总嫌我弄一身土回家,所以每次出去玩,这也不准我碰,那也不准我摸的。真没意思!

你怎么又弄得一身泥?地板都被你弄脏了!

探索大自然更有趣

随着电子产品的日益发展,很多孩子都沉迷其中,你是不是也是其中一个?

沉迷电子产品不仅会影响学业和身心健康发育,而且会影响创造力和社交能力,分散我们对其他活动的关注度。

在这个世界上,恐怕再也没有比大自然更好的老师了。因为大自然中蕴含着无穷无尽的知识,比起电子产品,大自然里的动物、植物都是天然的教科书,它们可以带给我们数不清的知识和快乐。我们可以通过听、看、嗅、触,探索大自然,学会观察、比较、分类;还可以满足自己的好奇心,培养尊重生命、保护环境的观念。

大自然不仅为我们提供了一个放松身心的空间,更能启发思考、激发创造力。在这里,学习不再是枯燥的灌输,而是一次充满乐趣和发现的冒险之旅。

自驱力训练营
如何让大自然成为自己的老师?

在沙水游戏中自由探索

沙子和水是自然界赋予我们的最佳玩具,不仅能让我们在玩耍中学习科学原理,比如浮力、重力,还能促进感官发展和运动技能提升,激发创造力和想象力。在与同伴合作挖沙坑、筑水坝的过程中,自然而然地学会分享、协商和解决问题。相比之下,过度依赖电子产品可能会限制孩子的这些能力发展,因此鼓励孩子亲近自然,是一种更有益于身心发展的选择。

在田间体会生命的成长

当你路过庄稼地时，会不会好奇庄稼地里究竟生长着什么呢？知不知道麦子、高粱都长什么样呢？

如果你好奇，如果你不知道，那就赶紧走进田间"学习"一下吧。如果条件允许，你可以亲手播种种子，等待并观察它生根、发芽、结果的过程，直观深切地体会"一分耕耘一分收获"，体会"秋的收获，始于春的播种"。这种体验不仅能够增强你的责任感和耐心，还能激发你对生物学和环境科学的兴趣。

爸爸，我把这个土豆种下去，明年真的能收获很多土豆吗？

对，你可以收获一篮子的土豆。

家门口就有"自然课"

如果爸爸妈妈工作比较忙，没时间带你去郊外亲近大自然怎么办呢？那也不要着急，并不是只有郊外才有大自然，只要走出家门，就能接触到大自然。比如小区的花园里、路边的草丛中……只要你看到自己不认识的花花草草，见到不知名的小昆虫，然后再去寻找答案，那就等于上了一堂生动的"自然课"了。

第8天

我知道自己哪里不够好，我有信心弥补

知道自己的长处,还要知道短处吗?

我得了个"阳光少年奖",妈妈说这个奖的意思就是我没有其他优点或优势。真的是这样吗?

每次考试前,我都觉得自己能考满分。直到试卷发下来,我才发现自己还有很多知识没有掌握呢!

大人们不总是说,要多看自己的长处吗?为什么还要知道自己的短处呢?

原来我还有很多知识没有真正地掌握。

正视自己的不足并努力改进

你是不是也有这样的情况:被人批评时,你就会很生气;被人称赞时,你就会扬扬得意?

古人云:"人贵有自知之明。"这句话的意思是,我们每个人都要正确地认识自己,既要认识到自己的优势,更要认识到自己的不足。当我们能够正确认识自己时,就能在面对他人批评时,以开放的心态去倾听和反思,从中汲取宝贵的反馈,转化为自我提升的动力;面对他人称赞时,将其视为对过去努力的认可,并激励自己继续前行。

自驱力训练营
如何弥补自己的不足?

自我反省，不断提升自己

古语有言："苟日新，日日新，又日新。"这句话的意思是，每一天都要进步，每一天都要有新收获，每一天都要呈现出新面貌。这是积极向上的好品德，也是自省的体现。自省，是成长的开始。当你学会遇到问题从自己身上找原因时，你就能够发现自己的错误，然后在不断的改正中让自己变得越来越优秀。所以，时常对自己的行为进行反思，可以帮助我们不断提升自己。

听取他人的意见，改正自身不足

从他人的反馈中发现自己的不足之处，可以帮助你更全面地了解自己。因此，在与他人聊天的过程中，你要留意他人对你的评价，尤其是对方指出的你做得不好的地方，要仔细分析对方的话语，反思自己的行为。如果对方说得对，那就要努力改正。这样不仅能够提升自己的能力和素质，还能够赢得他人的尊重和信任。

学习新技能，让自己更优秀

丰富自己的知识领域、不断学习新技能是改进自身不足的有效方式。书籍、网络、同伴……都可以为你提供学习的机会。当你变得越来越博学，会的东西越来越多时，就能在一定程度上弥补我们的不足之处。每一次学习都使你变得更加优秀、自信，同时，学习还能开阔视野、激发创新思维、提高解决问题的能力。

第9天

我会眼睛看着老师，集中精力听课

 成长烦恼

做到上课不走神儿,真的好难

老师总是跟我妈告状,说我上课注意力不集中,导致我一回家就被骂。可我真不知道怎样才能让自己集中注意力呢?

只要老师讲的内容是我会的,我就听不进去了,脑子就开始想下课找谁玩。

老师讲的内容有趣,我就能集中精力去听;老师讲的内容没意思,我就开始走神儿了。

培养专注力是集中注意力的关键

你知道吗?有时候你跟学霸之间,就差一个"专注力"。学霸在认真听讲的时候,你可能在悄悄说话,可能在想其他事情,也可能被窗外的小鸟吸引住了……所以,同样坐在教室里听课,学霸门门功课都是优秀,而你的成绩却总是忽上忽下。

其实,我们天生就有专注力,就像你在玩玩具时经常会听不到爸爸妈妈叫你吃饭一样,因为那时候你的专注力正在"发功"。但有专注力并不代表专注力就很强,只有通过日常训练,才能够让自己的专注力越来越强,让自己成为无论做什么事都能认真钻研的人。

自驱力训练营
如何养成认真听讲的好习惯?

眼睛紧跟老师的步伐

很多时候,走神儿就是从眼睛离开老师开始的。老师走到哪儿,你的眼睛就跟到哪儿,不仅能帮助你保持注意力集中,还能让你及时捕捉到老师的表情和肢体语言,更好地理解老师所讲的内容。老师是课堂上的指挥官,只有关注老师的一言一行、一举一动,才能跟着老师的思路走,更好地掌握课堂上的知识点。

积极参与课堂互动

老师提问的时候,不是谁举手才和谁有关系,而是跟课堂上的每一个人都有关。即便老师没有叫你回答问题,你也要跟着一起思考。而且,无论你的答案是对是错,都要专心听老师讲解,看你和老师的思路是否一样,或者弄明白错在哪里,这有助

于你加深对知识点的理解。当然，如果你有答案了，那就要积极地举手回答问题，不要怕会回答错误。与老师的互动既能增强你的参与感，又能让老师了解你的学习情况。

重点关注老师的板书

你是不是觉得老师在黑板上写字时，就是自己的"休息"时间了？这可就大错特错了。老师的板书可都是本节课的重点、难点内容。因此，老师写板书时，你更要集中注意力去看老师所写内容，并做好笔记。这样不仅有助于你加深对知识点的理解，还能为日后的复习提供宝贵的资料。

第10天

我能安排好自己的时间，做时间的主人

事事都要跟时间赛跑吗?

我每次做一些跟学习无关的事,我妈就说我在浪费时间。我就不明白了,这怎么就算浪费呢?

有些事情早一会儿迟一会儿也没什么关系嘛,为什么一定要守时?

每次寒暑假妈妈都让我尽快把作业写完,为什么一定要尽快写,明明还有那么多天假期呢。

王小能,你寒假作业写了吗,就在这打游戏?

放假才一周,不用着急。

没有时间观念，做事就会拖拖拉拉

做事情总是被父母催来催去，是不是让你感到很烦躁呢？

造成这一情况的主要原因是，你缺乏时间观念，无法管理好自己的时间，进而导致做事拖拖拉拉。同时，你也不懂得准时和守时的重要，不懂什么时间该做什么事，分不清做事的先后顺序。但是，时间对于你来说，又是那样的重要，尤其体现在学习上，所以才有了"黑发不知勤学早，白首方悔读书迟""莫等闲，白了少年头，空悲切"。因此，培养良好的时间管理习惯对于每个人来说都是至关重要的，这不仅是对自己负责，而且关系到自己的信誉和对别人的尊重。

自驱力训练营
如何养成管理时间的好习惯？

将事情按紧急程度划分

做事磨磨蹭蹭是因为做事情没有条理。其实，我们每天要做的事情，都可以按照紧急程度划分出来，确定哪些事情是重要且紧急的，需要优先处理；哪些事情是重要但不紧急的，可以稍后处理；哪些是紧急但不重要的，需要快速完成；哪些事不紧急也不重要，可以最后处理。这样一区分，你就可以优先处理那些对你的学习、工作或生活影响最大的任务，这样就能提高效率，避免浪费时间。

万一路上堵车呢，我不就迟到了吗？早点到校，总比迟到强吧！

距离每天出门时间还有十分钟呢，今天怎么这么着急？

培养时间观念，正确把握时间

你不懂时间的宝贵，是因为你没有正确的时间观念。不信你可以试一试：按下计时器，闭上眼睛，估计一分钟有多长，然后睁开眼睛，再按下计时器，看一看你估计的时长是否正好是一分钟。是不是估计得没有那么准确呀？不过，你也不必因此而着急。只要你有意地去训练自己对时间的把控，就能合理地规划和使用时间。比如，你可以在规定的时间内去做一定数量的口算题；还可以通过定闹钟的方式，来提醒自己该睡觉了，或是该起床了。

给自己列出任务清单

把自己每天在什么时间要做什么事情都列在表格里，然后严格按照表格里的内容去执行，这是提高时间利用效率的有效方法。任务清单可以包括每日、每周或每月的任务，并且在制订任务清单时，要确保每项任务都是具体可行的，并为每项任务设定一个明确的完成时间。比如，晚上6点~7点看动画片，7点一到，就立刻关掉电视。一开始肯定会很难坚持下来，因为这需要你跟自己的"惰性"做抗争。但一旦你坚持下来了，就能做时间的小主人，成为一个自律的人。此外，完成任务后在清单上打勾可以给你带来成就感，激励你继续前进。

第11天

我能控制好自己的情绪，不乱发脾气

生气为什么不能发脾气？

每次发生一些不好的事情，妈妈就觉得是我的错，也不愿意听我解释，我真是太生气了。

只要我一和妹妹吵架，妈妈就会向着妹妹说话，这太让我伤心了。

为什么大人生气了可以发脾气，而我发脾气就要被骂呢？

马小虎，你是不是又欺负妹妹了？

发脾气并不是解决问题的好方式

当感到委屈、生气、不被理解,或是遇到困难又无法解决时,你就会忍不住通过发脾气来表达内心的难过,发泄坏情绪,诉述不满,渴望得到父母的关注。但往往事与愿违。面对发脾气的你,父母不但不会安慰,反而觉得你无理取闹,只会得到一顿臭骂,让你的心情更加糟糕。

你也知道发脾气并不是解决问题的好方式,可就是控制不住自己的情绪。这是因为你的抑制和调节情绪的能力还不足,需要努力学习一些有效的方法来控制自己的情绪。

如何成为情绪的主人？

正确认识情绪，学会接纳情绪

我们习惯将情绪分为好情绪与坏情绪，认为生气是坏情绪，所以会拼命压制它，但越是这样，越是难以控制。而且，长期压制自己的情绪，也会对身心健康造成极大的伤害。实际上，情绪没有好坏之分，都是我们对周围世界的反应。当你有了情绪，首先要做的就是面对和接纳，并尝试找到它们的来源，这样才能够"对症下药"。比如，当你认识到自己产生了愤怒的情绪，就要去寻找让自己愤怒的原因，然后顺着原因，从根源上解决问题。

我为什么生气呢？因为妈妈不听我讲完话。那我要是继续把话说完，我们是不是就不会生对方的气了呢？

远离"生气源",避免冲动

如果一直面对让自己生气的人或事,就很难让自己从坏情绪中解脱出来,甚至会越来越生气。这时,远离令你生气的人或环境是很好的解决办法,这样可以从时间和空间上与"生气源"隔绝开,让自己冷静下来,避免在激动情绪的驱使下做出过激的行为。

学习调节情绪技巧

当一个人处在愤怒的情绪中时,很难单凭自己的意志就让情绪平复下来。这时,你就需要利用一些调节情绪的技巧,比如深呼吸、冥想、运动等来缓和和消化情绪。除此之外,将自己的情绪和想法记录在日记中也是一种有效的情绪释放方式,必要时还可与家人、朋友沟通交流,寻求他们的帮助。

第12天

我的事情我来做，我的人生我做主

成长烦恼

妈妈总对我的事情大包大揽

我很想自己的事情自己做，可妈妈恨不得我把所有的时间都用来学习，什么事都大包大揽，我也很无奈。

其实，我很想自己的事情自己做，可妈妈总觉得我做不好，不让我做，这让我很苦恼。

我其实什么都会干，还能干得很好，就是有时候有点儿懒，习惯拖到最后再干。

我来洗，你快去写作业，学习要紧。

父母过度帮忙只会让我们丧失更多生活技能

你是不是早已习惯并享受父母为你做这做那？其实，父母的过度帮助和你的默默享受，只会让你失去更多自我努力的过程和成长的机会。父母做得越多，你的自驱力就会越少，依赖性也就越强，这很容易让你在独自面对问题时感到无助和焦虑，从而缺乏自信、自我怀疑。因此，只要是我们自己能做的事情，比如收拾书桌、叠被子、铺床、收衣服等，这些都是以后生活中重要的生活技能。我们就要自己去做。这不仅能够培养我们的责任感和自理能力，还能增强我们的独立性，以及规划和管理时间的能力。

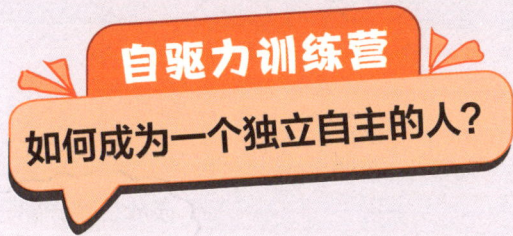

自驱力训练营
如何成为一个独立自主的人？

主动离开父母打造的舒适圈

想要成为一个独立自主的人，就要减少对父母的依赖，离开父母打造的舒适圈，学会自己做决定。你可以从小事做起，比如自己选择穿什么衣服、决定晚上吃什么、主动打扫房间……当你开始自己做决定时，父母就能看到你"长大"的痕迹，从而给予你更多自由的成长空间，让你学会思考问题，逐渐变得独立自主。当然，爸爸妈妈的建议也是需要听的，但最后的决定要自己来做。

勤练习，才能越做越好

独立自主并不是一蹴而就的，无论是在学习上还是生活上，都需要经过不断地练习。所以，面对自己做得不够好的事情，不要灰心丧气，任何熟练的技能都是建立在一次又一次练习的基础上。你可以从做家务开始，比如自己洗衣服、打扫房间。每次尝试，你都能学到新东西，会做得越来越好，你也会变得更加自信。

做好小事，再做大事

一口吃不成个胖子，如果还不会洗袜子，就去挑战洗大衣，那不但洗不干净，还会让你十分受挫，打消做事情的积极性。锻炼独立自主的能力，要从小事做起，比如自己决定穿什么衣服、自己决定买什么书籍、自己分配零花钱……当我们能够熟练地处理好这些小事时，我们就会产生"我可以""我能行"的积极心理暗示，从而尝试做更大的事情。

第13天

我有远大的梦想，
并且会努力去实现

什么样的梦想能实现呢?

什么是梦想呀?是不是就是自己长大以后想要做的事情呢?

妈妈说我的梦想不切实际,我要不要继续坚持下去呢?

爸爸总说让我好好学习,长大后当老师,可这并不是我的梦想啊!

妈妈,我长大以后想当宇航员。

你这梦想也太不切合实际了,咱先把成绩提高吧。

梦想是我们努力的目标

梦想就是你想要做的事情，想要成为的人。每个人的梦想都不一样，但无论你的梦想是否切合实际，又或是否真实存在，都闪耀着光芒，都是内心最真实的渴望。

有了梦想，我们才有了前进的动力和目标。我们会为了实现自己的梦想努力学习和探索，会勇敢地面对成长中的种种挫折和困难。梦想就是自驱力的牵引器，它会转化为我们奋进的信念，帮助我们发光发亮，帮助我们不断成长，不断进步，不断成为更好的自己。

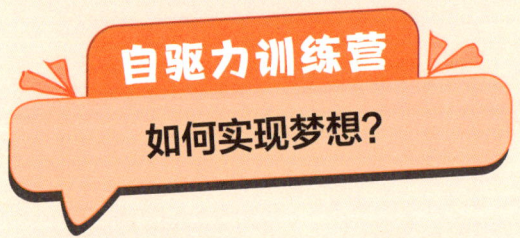

自驱力训练营
如何实现梦想？

梦想要足够清晰，才有实现的可能

很多人无法实现梦想是因为他们的梦想太过于模糊，比如长大后要成为一个成功的人，或者要考个好大学……这些目标看似不错，实际上十分模糊，会让你不知道朝哪个方向努力，从而缺乏动力，而且会让你在遇到困难时轻易放弃。如果你想让自己的梦想有实现的可能，就需要将自己的梦想设定得更加实际、具体，比如长大后要成为一名医生。

拥有实现梦想的途径和方法

有了明确且清晰的梦想后,接下来就是找到实现梦想的方法。梦想通常都是比较远大的,不是一时半会能够实现的。为此,我们可以将大目标分解成一个个小目标,比如你想考上清华大学,这个目标就可以分解为:考上重点中学、闯进年级前十名、期末总分提高 10 分。然后从最小的一个目标开始努力,去制订具体的计划。同时,可以找到一些榜样,看看他们是怎么做的,向他们学习,找到适合自己的途径和方法。

随时调整和优化计划

在追求梦想的路上,你可能会遇到一些意想不到的情况,导致你无法按照制订的计划继续进行,这时就需要根据实际情况及时调整计划。当然,在实施计划过程中,你如果发现计划不合理,也要及时调整和优化计划。总之,不要因为计划有变,就停下了追逐梦想的脚步。只要朝着梦想的方向前进,就算速度慢一点,梦想也有实现的可能。即使无法实现,但你努力了,同样也会有所收获。

> 你不是立志要考 100 分吗?这么快就放弃了?

> 我没有放弃,只是觉得考 100 分有些不切实际,所以将目标放低一些。

第14天

我会向他人求助，这不是丢人的事

问他人问题会被笑话吗?

每次遇到不会的题目时,我都不敢张嘴问别人,担心被人说我很笨,感觉很丢人。

如果我问老师讲过的题目,老师会不会觉得我上课时没有认真听讲呢?

每次我问妈妈题时,妈妈总是让我自己想,还说我不愿意动脑思考。

这道题老师在课上讲过,我究竟该不该问老师呢?

喜欢向别人请教能学到更多知识

不管是在学习上还是生活中，你难免会遇到各种各样的困难。或许有些困难在你看来是个极大的难题，会让你感到沮丧甚至想要放弃。但这些困难对于爸爸妈妈或者老师来说，只是一个小问题，向他们请教是完全没有问题的。

古人云："好问则裕，自用则小。"意思是说喜欢向别人请教的人学到的知识就会很多，而骄傲自大的人学到的知识就很少。一个人即使再聪明、勤奋都不可能成为在各方面都精通的专家。同样一个问题，自己想，可能要想很久也得不到答案，但通过向他人请教，或者与他人讨论，就能快速获得解决方案。所以，不要害怕向他人寻求帮助，也不要吝啬分享自己的想法。在这个过程中，每个人都可以成为彼此的老师，共同进步。

自驱力训练营
如何成为勤学好问的人？

我们向他人请教问题，要将对方当成"老师"来看待，首先态度要恭敬，言语要客气，同时还要仔细聆听，认真理解。如果内容比较复杂，可以请对方说慢一点，边听边做笔记。如有疑问应及时提出，尽量减少同一个问题多次请教。最后，当问题解决后，要诚恳地道谢，感谢对方为你答疑解惑。

> 谢谢你胡同学，我会做了。

每一个人都是"老师"

无论是父母、老师、长辈，还是哥哥、姐姐和同学，甚至是弟弟、妹妹，每个人都可能是你的老师。因为他们在某个领域或某个问题上可能比你知道得更多，能够跟你分享一些你从未听说过的知识和见闻，或者提供看待问题的不同视角。你能从他们身上发现自己可以学习的地方。这不仅能够帮助你获取新知识，还能够促进人际关系的建立。

要"勤学好问",不要"勤学勤问"

勤学好问,是在解决问题的过程中发现自己无法解决时,主动向身边的老师、家长、同学求助的行为。而勤学勤问,是懒于动脑筋,一碰到问题就让老师、同学帮忙解决的行为。前者会激发你的自驱力,而后者会削弱你的自驱力。因此,在遇到问题时,你要先自己想办法去解决,当自己解决不了,或者解决到一半无法再进行下去时,再找他人求助。"勤学好问"是一个好习惯,千万不要将其变成"勤学勤问"。

第15天

想象真有趣，
我喜欢天马行空的想象

有想象力不好吗?

我曾想象自己去外星球生活,请外星人给我当助手,可同学们都笑我,说我没常识,因为这个世界上根本不存在外星人。

我觉得画画可以培养我的想象力,但这个想象力对学习有帮助吗?

我将天上的月亮想象成一只小船,而我就坐在月亮船里遨游太空,可是妈妈却说我是在说梦话。

画画能培养我的想象力。

想象力能提高成绩吗?

想象力是一切发明与创造的源泉

很多伟大的发明,比如飞机,是因为有人先想象人类在空中飞翔,然后才真的被发明出来的。如果缺乏想象力,也就缺乏开拓和创新的精神。只有充分展开想象的翅膀,它才能带你去冒险,创造新事物,学习新知识,享受乐趣!所以,尽情地发挥你的想象力吧,它能让你的生活更加精彩。

马小虎,你在干什么?

奶奶给了一个大鸭蛋,我想试试我能不能孵出小鸭子。

自驱力训练营
如何拥有天马行空的想象力?

多看书,少看电子产品

科学家曾做过这样一个实验:将小朋友平均分为两组,给一组读《白雪公主》的故事,给另一组看《白雪公主》的动画片。然后,让两组小朋友将自己心目中的白雪公主画出来。结果,听过故事的小朋友会根据自己的想象,赋予白雪公主不同的形象和装扮;而看过动画片的小朋友画出来的白雪公主基本与动画片中的一样。那些具象的画面大大削弱了孩子的想象力,让想象力受限,而文字描述却可以让你的想象力有极大的发挥空间。这就是为什么要少看电子产品的原因了。

> 福尔摩斯应该就长这样子吧?

有事没事,多"胡思乱想"

这里的"胡思乱想"指的是你在看到某个事物时,对其进行自由联想的过程。比如,看到光秃秃的树木时,你会联想到什么?看到天空中的云朵,你觉得这一朵像什么,那一朵又像什么?这样的"胡思乱想"没有规则，也没有限制，随意发挥，不仅能让你的想象力得到锻炼，头脑更加灵活，还能让你的生活更加有趣。所以，"胡思乱想"是锻炼想象力的有效途径。不要担心你的想法太奇怪，有时候最奇怪的想法可能就是最有趣的故事的开始。

丰富知识体系，了解更多事物形象

有时候，想象力匮乏是因为了解的事物太少了，即便想要展开想象也无能为力。因此，你要多学习，多了解世界上的各种事物，丰富自己的知识体系，这样你的想象力就能得到更多的"营养"。同时，你还要拥有一双能够发现"美"的眼睛，去观察生活中的万事万物，将它们的形象记于心间，这样在展开想象时，就能为你提供现实的依据。

第16天

我不怕输，
我可以激励自己

输了很丢人吗?

我觉得输了会很丢人,所以没有把握赢的事情,我就不想去做。

从小我妈就夸我是个"小天才",所以我不能忍受别人超过我,那会让我心里很难受。

我们和别人比赛,不就是为了赢吗?如果没有赢,比赛还有什么意义?

不行,我绝对不能输,输了岂不是很丢人。

害怕输是抗挫能力差

只想赢,却不想输,也害怕输,从心理上来说,就是抗挫能力差,这就会让你像温室里的花朵,经不起风吹雨打,无法真正地成长起来。你要学会自我激励,让自己慢慢成为一个不怕输的人。

自我激励,就是自己激发自己,鼓励自己,让自己振作起来,更努力地去追求目标、实现目标。一个懂得自我激励的人,总能够发掘自身的潜能,把一些看似不可能的事情变成可能;而一个不会自我激励的人,就算天赋再高,也无法激发出自己的内在潜力。当然,自我激励会让你有所进步,而进步的喜悦将再次激励自己,从而推动自己取得更大进步。

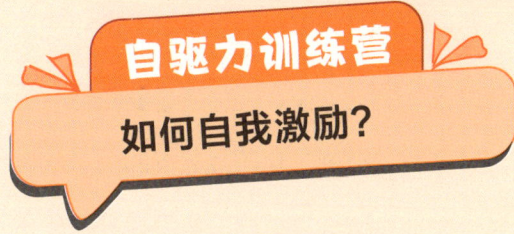

自驱力训练营
如何自我激励?

给自己积极的心理暗示

积极的心理暗示是指通过对自己说一些积极的话语来提升自信和动力。比如,当你面临挑战时,可以告诉自己"我能做到""我已经准备好了"或者"我有能力解决这个问题"。有了积极的心理暗示,你的自信心就会随之增强,心态也会变得平稳。你还可以把这些话写下来,贴在你经常能看到的地方,比如书桌前或者床头。这样,每次看到这些话,都会提醒你要保持积极的心态。

我一定能画好的,加油!

积累成功,增强信心

每完成了一项任务或者解决了一个问题,比如口算题全部正确、帮妈妈做家务得到了表扬、学会了一首新歌……无论事情大小,都是你取得的成绩。千万不要忽略这些小小的成绩,待它们积累起来时,你就会越来越相信自己的能力,也会更愿意去尝试新的挑战。

自我肯定，强化自身

父母的表扬和肯定虽然可以带给你信心和力量，但你还是要靠自己的力量来强化自身。因此，当你做好了某事，得到了父母或他人的表扬和肯定时，你要从内心里承认自己，并深刻地去体会，靠自己努力得到的成功是多么有成就感。同时，你要擅于发现并发展自己的优点和长处，肯定自己的价值和潜力。

第17天

只要努力，
我就能做得更好

努力上进有那么重要吗?

妈妈总说我"不求上进",我知道她是提醒我、关心我,但是我听后还是很难过。

每次妈妈夸我的时候,我就想要做得更好,可当妈妈批评我的时候,我又觉得自己一无是处,失去了努力的动力。

妈妈说我是属"核桃"的,她砸一下,我就动一下;她不砸,我就不动。我也不想做事总让妈妈催促,可又不知道怎样做才好。

都快考试了,你还在打篮球,太不求上进了!

我只是想运动一下。

重拾上进心，成为更好的自己

一个人在衣、食、住、行这些基本需求被满足后，就会产生更高层次的需求，或是在思想上，或是在行为上，会产生强烈的想要变得更好的意愿。我们可以称之为"进取心"，也就是说，每个人都会努力让自己变得更好。但在成长的过程中，有的人上进心渐渐被"藏"了起来，或许是因为父母的责备和不理解，不想证明自己了；或是因为父母管教过于严格，想法和行为处处受限；也或许是因为自己失败太多，渐渐丧失了信心……

但无论什么原因，你需要知道，人生是自己的，只有保持积极向上的精神，才能拥有更加美好的人生。因此，无论你的上进心从什么时候消失了，现在你都要重新拾起它，不管周围的人怎么说、怎么看，你都应努力成为更好的自己。

自驱力训练营
如何让自己更有上进心？

严格要求自己

你听过《差不多先生》的故事吗？那个凡事都"差不多就行"的先生，因为觉得"兽医"和"医生"差不多而害死了自己。当你觉得"差不多"的时候，其实还差着很多。如果只满足于"差不多"，那么会越差越多。因此，凡事都应该以严格的标准来要求自己，比如作业要写工整，而不是写完了就行；上课要认真听讲，而不是听了就行；作文要有文采，而不是写了就行……只有凡事都严格要求自己，才能成为一个越来越好的人。

每天进步一点点

今天比昨天多考了一分，今天比昨天多算对了一道题，今天比昨天少写错了一个字……这些进步很小，或许在你看来不值一提，但不要忽视它们。如果你能持之以恒地进步，哪怕每天的进步只有一点点，那日积月累下来就是巨大的进步。所以不要好高骛远，要踏踏实实地努力，让今天的自己比昨天的自己更好。

59，比昨天多了一个，比前天多了两个，我每天多跳一个，十天就能多跳十个……

看到自己的进步

你是不是常常过分专注于那些自己还没有达到的目标，而忘记了自己已经走了多远？你要经常回头看看，想想自己从开始到现在都取得了哪些成就，无论大小、轻重，你都可以把它们都记录下来，或者和父母、老师、朋友分享。这样，你不仅能更清楚地看到自己的成长，还能从他们的鼓励和夸奖中获得更多的信心和动力。记住，每个人都有自己的成长节奏，只要在不断前进，你就是在进步。

第18天

我喜欢读书，书中有更广阔的世界

成长烦恼

为什么不能看自己喜欢的书？

我很喜欢看漫画，但是妈妈一直不让我看，即使写完作业也不可以。妈妈总说漫画是闲书，看了没用，就是在浪费时间。

我喜欢看科普类的书，但妈妈总逼着我看作文书，还要求我背下来！

我一看书就头疼，我是不是得了"恐书症"啊！

我一看书就头晕目眩。

书里有更广阔的世界

"书中自有颜如玉""书中自有黄金屋",书中的世界是广阔无垠的。阅读不但可以拓展你的视野,还可以培养和激发你的自驱力。比起电子产品,阅读所带来的快乐是深层次的,更能激发你的想象力,让你进行深入思考,理解他人的感受,丰富自己的情感,让自己的内心变得强大且充实。

在阅读的过程中,你需要投入大量的时间和精力,尤其是比较厚、比较专业的书籍,需要你保持高度的注意力,这对培养毅力和耐心都十分重要,尤其是阅读一些自己感兴趣领域的、有阅读难度的书籍时,你还会产生强烈的成就感,能激励着自己去获取更多的知识。

自驱力训练营
如何养成爱看书的好习惯？

从喜欢的书入手，渐渐扩大阅读范围

如果你不喜欢看书，那极可能是你没有看到自己喜欢的书。一旦你看到一本自己喜欢的书，那你便会渐渐爱上看书。比如，你对宇宙知识感兴趣，正好有一本书将宇宙的知识讲得十分精彩，那你一定会喜欢这本书。当看完这本书，你就会情不自禁地去寻找同类型的图书阅读。因此，想要爱上读书，就从自己感兴趣的书籍入手。当你渐渐养成了阅读习惯后，就可以尝试着扩大阅读的范围。

这本书好看吗？封面看起来有点像《哈利·波特》，我先借回去看看。

给自己置办一个书架

不要小瞧环境对一个人的影响，如果让你置身于一个四周都是图书的环境中，你一定会不自觉地拿起一本书来看。很多时候，你想不起来看

书,就是因为身边没有这样的环境。因此,你可以给自己置办一个小书架,并摆放在自己容易看到和容易拿到的地方,买一些自己感兴趣的书籍放在上面。这样,你就可以随时随地拿起书来读了。

制订好每日阅读时间

想要养成爱看书的好习惯,首先得让读书成为习惯。因此,你需要为自己设定固定的"阅读时间",可以是晚上睡觉前,也可以是早晨起床后。每天到了阅读时间,就要放下手中的事情,开始阅读,并坚持下来。刚开始,你可以每天读 15 分钟,然后慢慢增加时长。当你每天都坚持阅读,你会发现自己越来越喜欢看书,阅读也会成为你生活中不可或缺的一部分。

第19天

我不比谁强多少，
但也不比谁差很多

失落

我真的那么差吗?

妈妈总是说邻居家的小明比我强,每次看到小明,我都很自卑。

妈妈说我是世界上最聪明的小孩,我也这么觉得,我身边的人都没有我聪明。

同学觉得我太能吃了,就给我起了个外号——小猪。每次同学这么喊我,周围人都会哈哈大笑,我感觉好丢人啊!

妈妈总说他比我强,我是不是真的很差劲?

正确认识自己，远离"自我否定"怪圈

别人夸赞你，你是不是总觉得自己还不够好？无论发生什么不好的事，你是不是总习惯在自己身上找原因？你如果这样想可要小心了，你可能掉进了"自我否定"的怪圈了。

其实，并不是你做得不够好，而是你内心的真正需求和感受被你忽视，所以不管你多么努力，取得多少成绩，周围的人怎么称赞你，你总是习惯性地否定自己，这也就导致你的自驱力越来越弱。你只有真正认识自己，才能根据自己的内心来塑造自己的人生，满足自己内心的真正需求，自驱力自然而然就会增强，才会更有动力去追求自己的未来。

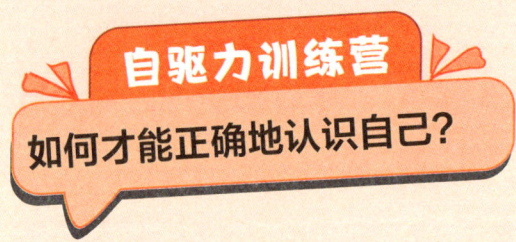

自驱力训练营
如何才能正确地认识自己?

学习他人长处，肯定自己

与他人比较，吸收他人的长处，克服自己的缺点。例如在学习上，学习成绩好的同学的学习方法和习惯，改进自己的学习方式。同时，也要客观看待自己的过去，与过去的自己比较，看到自己的成长和进步，肯定自己，明确未来努力的方向。

她虽然很棒，但我也不差，我已经比上节课进步了。

发现优点，接受不足

要正确认识自己，首先要发现自己的优点，接受自己的不足。每个人都有自己特别擅长的事情，比如跑得很快，或者画画非常厉害。同时，每个人也都有不足的地方，比如有时做题很马虎，或者某科成绩比较差。没有人是完美的，重要的是，你要擅于发现自己的优点，同时也要接纳自己的不足，勇敢面对，并努力改进。这样才能提高自己的内驱力，让自己变得越来越好。

可以被他人否定，但不要自我否定

他人对你的否定，有可能是因为你确实有做得不好的地方，有需要进步的空间；也有可能是对方并不了解你。但你不要因为他人的否定就产生自我怀疑，认为自己这也不行，那也不行。你要相信自己，给自己加油。对于他人提出的建议，要虚心接受，而不是因此自暴自弃。

第20天

我有榜样，TA是我学习的目标

成长烦恼

什么样的人才能称为"榜样"?

我的"偶像"是游戏中的韩信,他超级厉害,一出场就能秒杀一片,可我妈说我不务正业。

我觉得自己已经很优秀了,不需要向别人学习。

我曾经以某个歌星为榜样,觉得他很励志,结果他"塌房"了,现在我也不知道该把谁当成榜样。

我的榜样是 ** 明星。

我的榜样是韩信。

我好像……没有什么榜样。

能给你勇气和力量的人就是榜样

给自己找一个学习的榜样,能很好地调动自己的积极性和自驱力。当你拥有了一个好的榜样,就等于拥有了一个明确的学习目标,让你的学习更有目标性,也能让你更清楚自己为什么要学习。不仅如此,一个好的榜样还能教你勇敢面对生活中的各种困难和挑战,帮助你建立自信。

所以,选择一个合适的榜样,通过了解他们的事迹和经历,你可以从中受到启发和激励,明确自己的发展方向。同时,还可以不断提升自己的道德修养和人格魅力,在这个过程中,你可能也成了别人的榜样,激励着更多的人去追求自己的梦想。

自驱力训练营
如何给自己找个榜样？

多读名人传记，从书中找榜样

名人之所以能够成为名人，是因为他们身上有许多难能可贵的品质，而这些品质就是需要你学习的地方。因此，多读一些名人传记，了解名人那些震撼心灵的故事，看一看他们独特的成长历程，会对你产生正向的启发和鼓舞的作用，有助于激发你积极向上的精神。

我也要像苏东坡一样，认真做学问，做一个乐观豁达的人。

从他人身上找到具体的优点

榜样也不一定是名人，他也可以是你周围的人。比如，你的同学数学学得很好，或者你的邻居非常乐于助人。你需要仔细观察周围人，找出他们身上需要自己学习的优点：高贵的品质、努力奋斗的精神、为人处世的智慧……然后将这些优点铭记于心，时时刻刻提醒自己照着去做。

爸爸妈妈也是学习的榜样

你或许会觉得父母"很烦",因为他们总是管你、批评你,也因此让你忽视了父母身上值得学习的地方。别忘了,你从小可是跟着爸爸妈妈学习说话、走路……成长的路上,爸爸妈妈教会了你许多事情。如果你留心观察就会发现,父母身上也有许多可贵的品质,比如对待工作一丝不苟、对待生活认真负责、对待朋友友好真诚……这些都是值得我们学习的地方。

第21天

我是"十万个为什么",
每天都在寻找真相的路上

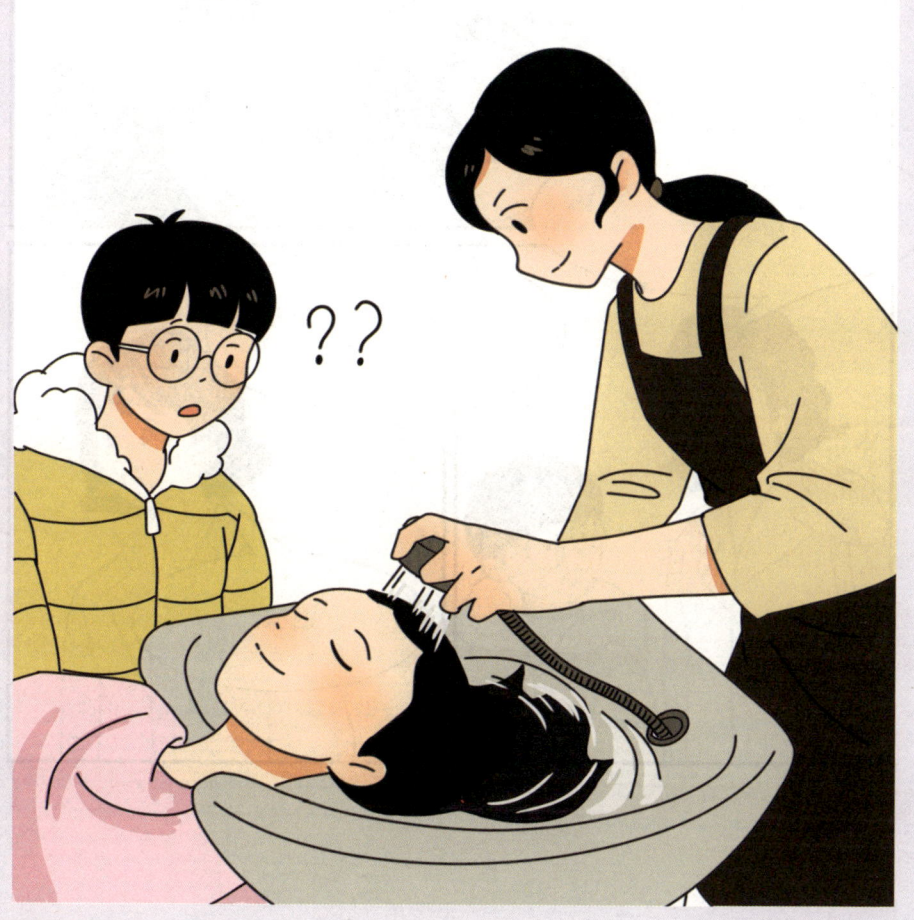

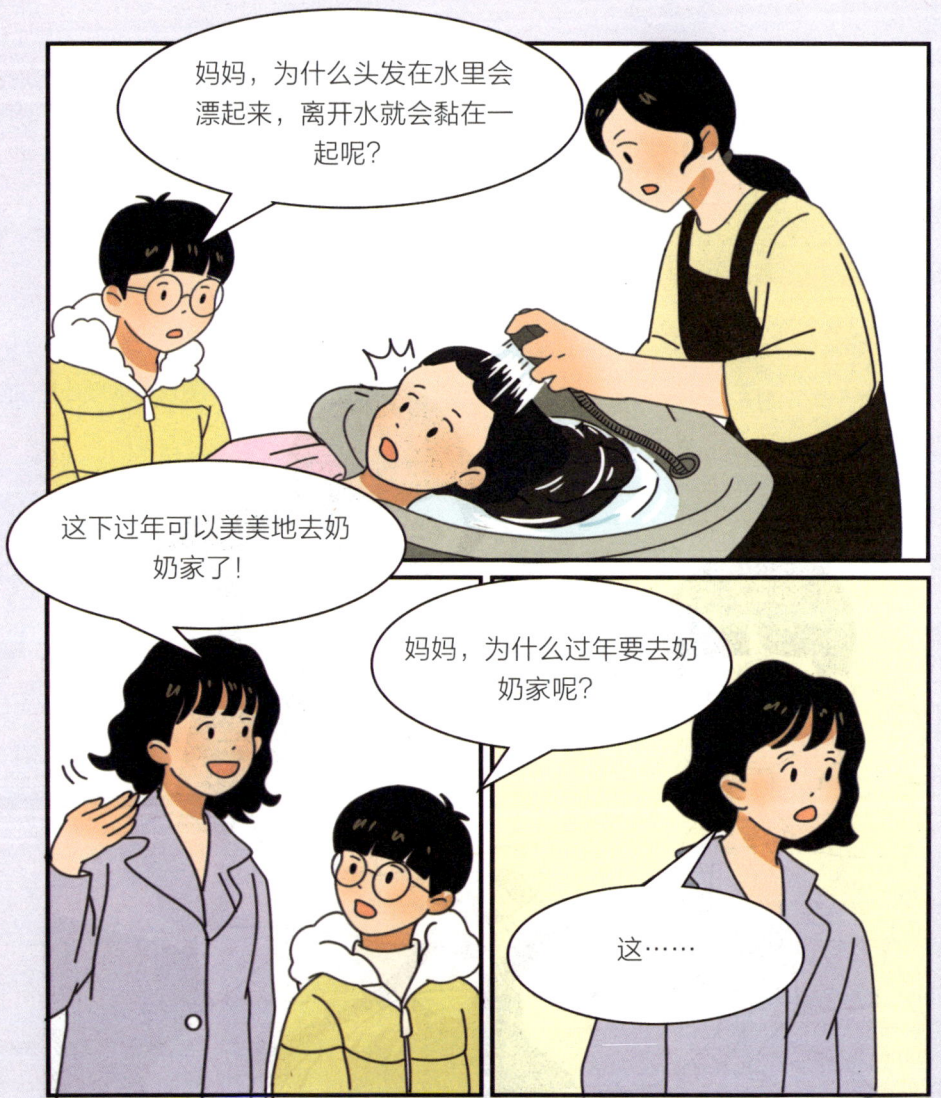

难道有好奇心不好吗?

妈妈总叫我"十万个为什么",她说我太能问"为什么"了,有时候还会觉得我烦人。

我家里有一本《十万个为什么》,但我感觉我的疑问比《十万个为什么》要多得多。

妈妈总说,我只要操心好自己的学习就行了,不要问那么多没用的问题。

你怎么有这么多的"为什么"?

妈妈,同学和我说蜜蜂蜇人后就会死掉,这是为什么呢?

敢于发问是探索新事物的积极表现

如果你总是好奇"鸟儿为什么会飞？汽车为什么会跑？花儿为什么五颜六色？太阳为什么不掉下来？"那么恭喜你，你拥有了和爱因斯坦一样的能力，即发现问题的能力。这是力求探索新事物的一种积极表现。拥有了这种能力，你就像爱因斯坦一样，喜欢寻根刨底地追问问题。

那么，经常问"为什么"有什么好处呢？当你发现了一个问题后，你就会想要通过各种各样的途径去寻找这个问题的答案。在这个过程中，你的自驱力就像是动力良好的马达，驱动着你去探索更多未知的知识领域。久而久之，你就能获取更多新知识，学到更多的新技能。

自驱力训练营
如何让自己的好奇心更强？

保护好自己的好奇心

当父母因为你的问题太多而嫌你烦时，不要因此被打击了积极性，你可以自己去书中寻找答案，或是通过网络寻找答案。当别人嘲笑你提出的问题时，也不要因此而退缩。保持开放心态，是让好奇心更强的重要基础。一个人若被偏见和成见束缚，就难以真正理解和接纳新事物，而摆脱这些束缚后，就能更好地激发好奇心。

多问问题

提问是增强好奇心的重要方式,因为好奇心的本质是对未知的渴望。

敢于提出问题并不断追问。例如在学习中对一个原理不理解就要大胆提问,并且不断深入追问,从"是什么"问到"为什么""怎么样",这种追问能够挖掘事物的本质,在增加知识储备的同时进一步激发好奇心,从而更有动力去探索未知领域。

成为一个擅于交流的人

要培养自己的好奇心,首先要成为一个擅于主动交流的人,因为很多问题都是从交流之中产生的。每个人的成长轨迹、人生阅历都不相同,这就意味着在他人的言语中,一定会有你不了解或是没有接触过的新事物,而新事物就是好奇心的源泉。不过需要注意的是,在交流中保持好奇心,不是成为一个"八卦记者",关于他人的隐私可不要过于好奇哦。

21天自驱力训练计划表　语文

执行人：　　　　　　　　执行日期：　　月　日至　月　日

时间	目标	完成情况	总结
第1天			
第2天			
第3天			
第4天			
第5天			
第6天			
第7天			
第8天			
第9天			
第10天			
第11天			
第12天			
第13天			
第14天			
第15天			
第16天			
第17天			
第18天			
第19天			
第20天			
第21天			

21天自驱力训练计划表　数学

执行人：　　　　　　　执行日期：　月　日至　月　日

时间	目标	完成情况	总结
第1天			
第2天			
第3天			
第4天			
第5天			
第6天			
第7天			
第8天			
第9天			
第10天			
第11天			
第12天			
第13天			
第14天			
第15天			
第16天			
第17天			
第18天			
第19天			
第20天			
第21天			

21天自驱力训练计划表　英语

执行人：　　　　　　　　执行日期：　月　日至　月　日

时间	目标	完成情况	总结
第1天			
第2天			
第3天			
第4天			
第5天			
第6天			
第7天			
第8天			
第9天			
第10天			
第11天			
第12天			
第13天			
第14天			
第15天			
第16天			
第17天			
第18天			
第19天			
第20天			
第21天			